追索
流失海外的
中国文物

RESTITUTION OF
CHINESE
CULTURAL PROPERTY
LOST ABROAD

国家文物局　主编

文物出版社

目　录
Table of Contents

序　言

文化遗产是人类文明发展的历史记忆。人们在创造、保存、维护和享有文化遗产的过程中，倾注了丰富的情感和深邃的智慧，赋予其鲜活的生命和独特的气质，成为各民族人民不可或缺的精神家园。保护文化遗产，既要保护其本体和原生环境，也要保护其与原属地人民之间无法割舍的文化联系。这是对人民基本文化权利的尊重和保障，对于维护国家的文化主权和文化安全，保护文化多样性，都有着至关重要的意义。文物不仅属于创造她的国家、民族和人民，也是全人类的文化财富。那些盗窃、盗掘、走私文物，破坏其原生环境，毁灭其情感和文化联系，使之成为无源之水、无根之木的丑恶行径，绝不仅仅是对文物原属地人民的伤害，更是对全人类犯下的罪行。

令人欣喜的是，打击文物走私和促进文物返还原属国，正在成为国际社会的共识。联合国教科文组织1970年《关于禁止和防止非法进出口文化财产和非法转让其所有权的方法的公约》和国际统一私法协会1995年《关于被盗或非法出口文物公约》正是这些共识的集中体现。

在国际公约的框架下，一些国家通过国际合作追索非法流失的文物，取得了实质性的进展。如意大利政府从美国盖蒂博物馆、纽约大都会艺术博物馆成功追索被盗文物，德国向津巴布韦归还大津巴布韦遗址的皂石鸟，都在国际社会中引起了强烈反响。通过国际合作实现文物返还已经成为世界范围的文化潮流。

中国曾在世界文明史上产生过重要影响。然而近代以来国力渐衰，文化遗产屡遭劫难，文物珍品流失海外，令多少炎黄子孙唏嘘嗟叹！中华人民共和国成立以后，建立了文物出境管理制度，扭转了中国文物大量流失的局面。20世纪80年代以来，由于经济利益的驱使，盗窃、盗掘、走私文物的犯罪活动死灰复燃。在公安、海关和文物等有关部门的严厉打击下，文物犯罪活动猖獗的势头得到了初步遏制。尽管如此，中国的文物安全形势依然复杂严峻，而已经流失到异国他乡的中国文物追索工作更可谓任重道远。

中国政府为追索流失文物做了大量工作，并得到了国际社会越来越多的理解和支持。中国于1989年加入了联合国教科文组织1970年公约，1997年加入了国际统一私法协会1995年公约，与秘鲁、印度、意大利、菲律宾、希腊、智利、塞浦路斯等国签署了防止盗窃、盗掘和非法进出境文物的双边协定，通过国际合作多次成功追索了非法流失境外的中国文物。

2002年，国家文物局获悉香港某拍卖公司拟拍卖的一批文物很可能是中国国有博物馆的藏品，立即派员调查此事，并向公安部门及时通报了情况。公安部门根据此线索破获了河北承德外八庙管理处文物被盗窃、走私的重大案件，并从香港成功追回了被盗文物49件。

2008年4月，中国政府从丹麦索回156件中国文物。在历时两年多的追索过程中，中国政府各有关部门全力以赴，紧密配合，始终坚持按照国际公约追索非法流失文物，在丹麦有关部门和社会公众的积极协助下，最终促成了这批文物重回祖国。此次追索工作的成功受到了国内外的广泛关注。

为了进一步扩大影响，促进文物追索领域的国际合作，唤起更多民众对文物追索工作的关注和支持，国家文物局和外交部、公安部、文化部在2008年"文化遗产日"前夕，联合举办了"成功追索流失海外的中国文物"专题展览。展览展出了5批共195件文物，其中既有中国政府通过法律手段从丹麦追索的156件中国文物和从美国追索的6件汉代陶俑，也有海外华人购买并捐赠回国的31件汉阳陵陶俑，还有瑞典东亚博物馆主动归还的1件汉代陶马和日本美秀博物馆经协商归还的1件北朝石刻菩萨造像，集中反映了中国近年来争取文物返还的主要成果和多种成功模式。

我们真诚地感谢促成这些文物回归故土的有关国家、国际组织和友好人士，他们无私的帮助令我们感动。我们也深刻地认识到：保护文化遗产，促进文物返还原属国，是人类社会正义和文明发展的必然趋势，是国际社会的高度共识，是各国政府义不容辞的文化责任。中国作为历史悠久的文明古国，将以更加积极的态度在这一领域发挥应有的作用。

我们相信，在社会各界的广泛支持和各有关部门的密切协作下，中国政府坚决打击盗窃、盗掘、走私文物犯罪活动，积极推进与有关国家签署双边协定，依法追索非法流失境外文物的行动必将取得更加显著的成绩。饱受文物流失之苦的中国人民将和世界各国人民携起手来，为推进文物返还的国际合作，守护人类共同的精神家园，做出不懈的努力！

中国国家文物局局长
单霁翔

Preface

Cultural heritage is the witness of the development of human civilization. Human beings have invested abundant emotion and profound wisdom during the creation, preservation, protection and appreciation of cultural heritage. Cultural heritage, therefore, with its fresh vitality and unique characteristics, has become the spiritual homeland of its owners. The conservation of cultural heritage means not only the protection of the heritage itself and the original environment where it is set, but also the protection of the inalienable cultural ties between the heritage and its owners. In fact, the conservation of cultural heritage demonstrates the respect for and guarantee of people's basic cultural rights and is of vital importance to safeguarding a country's cultural sovereignty and safety and protecting its cultural diversity. Cultural properties not only belong to the countries, nations and peoples which have created them, but also are recognized as the assets of mankind as a whole. Theft, clandestine excavation and smuggling of cultural properties, destruction of their original environments and severance of spiritual and cultural ties between cultural properties and their original environments are criticized as evil doings, just like cutting a river from its source and a tree from its root. They will not only hurt feelings of the people which these cultural properties belong to, but also be condemned as crimes committed against humanity.

However, we are encouraged to see that it has become a consensus of the whole international community to combat smuggling of cultural properties and return them to countries of origin. This consenus has been manifested in such international treaties as the *UNESCO Convention on the Means of Prohibiting and Preventing the Illicit Import, Export and Transfer of Ownership of Cultural Property* (1970) and the *UNIDROIT Convention on Stolen or Illegally Exported Cultural Objects* (1995).

Within the framework of these international conventions, some countries have made substantial progress in retrieving their lost cultural properties by means of international cooperation. For example, the Italian Government has successfully reclaimed their stolen cultural properties from the J. Paul Getty Museum and the Metropolitan Museum of Art, and the German Government has returned to Zimbabwe the stone bird in the Great Zimbabwe Ruins. In fact, it has become a worldwide trend to return cultural properties to countries of origin through international cooperation.

China had significant impacts on the evolution of world civilization over the sweep of human history. However, the growing weakness of national strength over the past two centuries has led to disasters against the country's cultural heritage and the loss of many valuable cultural objects abroad. Facing these tragedies, the Chinese people could do nothing but sighing. After the founding of the People's Republic of China in 1949, strict regulations on the export of cultural properties were worked out, which effectively stopped the enormous loss of cultural properties. Since the 1980s, however, driven by the greedy pursuit of economic benefits, criminal activities such as theft, clandestine excavation and smuggling of cultural properties surfaced again. Thanks to the severe crackdown by departments of public security, customs and cultural property administration, rampant crimes against cultural properties have been initially curbed. Nevertheless, the safety of the country's cultural properties is still under serious threat and great difficulties are still ahead in reclaiming Chinese cultural properties that have been lost abroad.

The Chinese Government, with the increasing understanding and support from the international communities, has made great efforts in reclaiming its lost cultural projects from abroad. China joined the UNESCO Convention (1970) in 1989 and the UNIDROIT Convention (1995) in 1997. It has signed bilateral agreements on the prevention of theft, clandestine excavation and illegal import and export of cultural properties with such countries as Peru, India, Italy, the Philippines, Greece, Chile and Cyprus, and has successfully retrieved Chinese cultural properties lost abroad by means of international cooperation.

In 2002, when learning that some antiques to be auctioned by a Hong Kong-based auction company were probably part of the collection of a state-owned musuem of China, the State Administration of Cultural Heritage of China (SACH) immediately dispatched staffs to conduct investigation and inform the public security department concerned of the development. Based on the clues provided by SACH, the latter uncovered a significant criminal case concerning the theft and smuggling of cultural objects from the Outlying Temples of Chengde, Hebei Province and successfully reclaimed the 49 stolen cultural objects from Hong Kong.

In April 2008, the Chinese Government reclaimed 156 cultural objects from Denmark. In the two year-odd reclaiming process, relevant departments of the Chinese Government made intensive efforts and cooperated closely in retrieving these illegally exported cultural objects in accordance with international conventions. With the active assistance by government departments and general public of Denmark, these cultural objects have been eventually returned to China. The successful efforts in reclaiming these cultural objects have attracted worldwide attention.

In order to promote international cooperation in retrieving cultural property and boost public awareness and support for the work, SACH, in partnership with the Ministry of Foreign Affairs, the Ministry of Public Security and the Ministry of Culture, will hold an exhibition entitled "Lost Chinese Cultural Objects Successfully Retrieved from Abroad" prior to the National Cultural Heritage Day in 2008. 195 exhibits will be on display, inlcuding the 156 cultural objects reclaimed from Denmark, 6 ceramic figurines of the Han Dynasty retrieved from USA, 31 ceramic figurines of the Yangling Mausoleum of the Han Dynasty purchased and donated by overseas Chinese, the ceramic horse figurine returned by the Museum of Far East in Sweden and the Bodhisattva statue of the Northern Dynasties returned by the Miho Museum in Japan. This exhibition will review China's major achievements and successful approaches in reclaiming its lost cultural objects abroad in recent years.

We would like to express our sincere thanks to the countries, international organizations and friends that have offered assistance in bringing these lost cultural objects to their motherland. Their unselfish help has deeply touched us. Meanwhile, it is our deep understanding that protecting cultural heritage and returning it to country of origin symbolize social justice, represent the necessary trend of human civilization, reflect a high degree of consensus of the international community, and mean the compelling obligation of every government. As a time-honored civilization, China will make its due contribution in this field in a more active manner.

We believe that with the support of all walks of life and close cooperation of related departments, the Chinese Government will make more remarkable achievements in cracking down the theft, clandestine excavation and smuggling of cultural property, facilitating the signing of bilateral agreements with other countries on the conservation of cultural heritage, and reclaiming lost cultural objects by law. The Chinese people who have been suffering the loss of cultural property will go forward hand in hand with the people in the rest of the world to make unremitting efforts in promoting international cooperation in cultural property recovery and safeguarding the common spiritual homeland of mankind!

Shan Jixiang

Director-General
State Administration of Cultural Heritage
People's Republic of China

介绍自丹麦回归的中国文物

孙　机（中国国家博物馆 研究员）

2006年，一批非法盗运出境的中国文物为丹麦警方查扣。经中国政府依法交涉，并蒙丹麦方面予以配合，2008年4月成功回归。这批文物共156件，除了一件上古玉钺外，主体部分是陶俑以及家畜、家禽、房舍、家具等明器模型，年代为西汉至明。虽然没有发现特别罕见的希世瑰宝，但有不少件时代大致可相衔接的人物俑，它们为中国古代服装史勾出了一个约略的轮廓，有一定参考价值，理应引起关注。

其中年代最早的几件西汉彩绘女立俑，均梳椎髻、着深衣，是典型的西汉妇女形象。我国上古时代的服式是上衣下裳，战国时将上衣下裳连在一起，构成深衣。由于深衣不开衩口，为了便于举步，遂在下襟接出向外延伸的曲裾。着衣时，将曲裾由前向后缠绕，再在腰间用带子束结。这样，既不碍行走，又在敛足后曲裾可自然收拢。展出的着深衣彩绘女俑，亭亭玉立，用粗线条勾出衣缘，虽仅寥寥数笔，却将这种服装的形制交代得很清楚。妇女的曲裾可以缠绕好几层，男式深衣通常只向后掩一层。及至东汉，男子着深衣者已罕见，在画像石与陶俑中看到的，多着宽大的直裾长衣，或即古文献所称襜褕。展出的东汉俑就有着襜褕的。其中一件红陶乐俑，所奏乐器在共鸣箱首端立一菌形弦枘，演奏者双手弹拨，应是挡筝之状。筝原来在竹胴上张弦，而此筝的器身较宽厚，已接近晋·傅玄《筝赋》所称"上圆象天，下平象地，中空准六合"之状，说明它已是东汉后期经过改进的

筝。不过这时的挡筝俑并不多见。

进入南北朝时期，我国北方的统治者为鲜卑族、或已鲜卑化的少数族。起初，其武装力量是清一色的骑兵，后来虽然也编入步兵，但鲜卑铁骑仍然是当时的天之骄子。展出的一件鲜卑陶骑俑，造型与山西太原北齐娄叡墓所出者极肖似，均戴突骑帽，应是6世纪中晚期驰骋中原大地之鲜卑骑兵的写照。元嘉二十七年（450年）北魏与刘宋大战，宋军溃败。《宋书·索虏传》总结这一战役时说："彼我胜负，一言可蔽，由于走不逐飞。"南朝少马，步卒只能徒行，在他们眼里，北朝骑兵可谓逸足电发、奔袭如飞了。但这时的北魏鞍具尚沿袭东汉旧制，多使用"两桥垂直鞍"，前后两座鞍桥高而直立，跨马时有所不便。自5世纪末，如在大同雁北师院北魏墓所出陶马上所见者，两桥垂直鞍已被改进为"后桥倾斜鞍"，后鞍桥不仅降低，而且发展出适宜人体骑乘的弧度。展出的这件骑俑之鞍具亦属此型，其马尻上且不再施以铜饰繁复之网状鞦带，整套鞍具显得简捷而实用。可是值得注意的是，这件骑俑上竟未系马镫，与上述娄叡墓出土陶俑的做法相同。本来我国于4世纪时已发明马镫，北朝晚期马镫的使用已非常普遍。娄叡墓中虽出不装镫的骑俑，但此墓壁画中的骑者却无不蹑镫。这里的陶俑之所以将马镫舍去，或含有特地模仿古人，表示骑术娴熟、不用镫仍可控马之意。至于日常服装，这时无论南北皆着裤褶。褶是半长的上衣，裤

太原北齐娄叡墓出土陶骑俑

是较拖垂的"大口袴"。为行动便利起见，乃于膝部将袴管提起，并用带子缚紧，称为"缚袴"。这种服式起于三国初，它本来是和平巾帻配套穿戴的。但此次展出的3件侍从俑，却在着袴褶时戴鲜卑帽，正反映出这一时期汉装与鲜卑装互相融合的趋势。

隋唐时代南北一统，服装却分成两类：一类继承了汉魏时代的冠冕衣裳、巾帻袴褶等，用作帝王乃至官吏的礼服。另一类则继承了南北朝后期在汉装、鲜卑装、胡服互相融合的基础上创出的圆领袍加幞头的服式，用作平日的常服。于是，我国的服制就从汉魏时之单一系统，变成隋唐时之包括两个来源的复合系统，从单轨制变为双轨制。这两类服装并行不悖，互相补充，在社会生活中保持着各不相同的使用范围，有点像现代日本服装中的和服与西服。展品中戴幞头、着圆领袍的拱手俑，其着装可以作为此时期中通乎上下之常服的代表。而展品中穿翻领袍的人物，由于头戴幞头，因而所代表的是隋唐境内之所谓胡服。它和当时中亚、西亚的胡服不同，在那里没有戴幞头的。

唐代女装皆以裙、衫、帔三者构成。帔又称帔子或帔帛，着衣时有时也可省略此物。事有凑巧，这批文物中的唐代女俑皆未施帔，它们的时代特点只有通过髻式及衣装的褊狭与褒博来区别。唐初女装衣裙窄小，"尚危侧"、"笑宽缓"。展品彩绘侍女俑所着窄袖衫子可为代表。她们梳的"半翻髻"也是初唐

的式样。盛唐以降女装渐趋肥大。《历代名画记》说谈皎所画女像作"大髻宽衣"，正是这种新风尚的反映。展品彩绘女俑的着装虽然较肥，但所梳之髻为"堕马髻"，已是中晚唐时的式样了。白居易《代书诗一百韵寄微之》中有"风流夸堕髻"之句，原注："贞元末城中复为堕马髻。"但"堕马髻"的名称汉代已出现。《后汉书·梁冀传》说梁妻孙寿作堕马髻，李贤注引《风俗通》："堕马髻者，侧在一边。"汉唐两代的堕马髻，虽然式样未必全同，但"侧在一边"应是其共同之点。中晚唐时另有高髻，如白居易诗所称"时世高梳髻"，其状或如展品中另一件彩绘女俑所示者。此俑着男装，唐代侍女常这样打扮，上层妇女亦偶一为之。

这批文物中的宋代人物俑不多。展品中的两件俑：一人戴的阶梯形帽子，是当时的无脚幞头，身着大袖衫。另一人所戴顶部微侈之帽，当时叫高巾子，穿的则是普通的圆领袍。二人的装束均属礼服范畴，都可以穿到大典礼上去，其端庄的身姿也有助于说明这一点。然而在这里，冠服中的大袖褒衣却和出自常服系统的无脚幞头配套，而常服系统中的高巾子又俨然像一顶进贤冠。可见隋唐之双轨的服制，此时已开始有所混淆，界限不是那么清楚了。

展品中的元代俑相当精彩，男俑造型剽悍生动，与陕西户县贺氏墓、宝鸡大修厂元墓等处所出者颇接近。所着服饰的元代特点十分显著。陶俑所戴方形瓦

西安元代段继荣墓出土陶"亭子车"

陕西历史博物馆藏元代陶马车

楞帽和钹笠帽，均可泛称为鞑帽，都是元代流行的式样。两个陶俑的帽上均着意塑出帽顶，它们在这里不甚起眼，但此物于元代曾大放异彩。元人重视宝石帽顶，各种"回回石头"从而大量输入，为我国使用宝石的历史揭开了新的一页。此时的发型多剃成"婆焦"，郑所南《心史》称之为"三搭辫发"。云："三搭者，环剃去顶上一弯头发，留当前发，剪短散垂。却析两旁发，垂缩两髻，悬加左右肩衣袂上，曰不狼儿。"其所谓"垂缩两髻"之髻，实际上是两个用细发辫结成的发环。童子俑均剃婆焦，其中一人头部两侧之发环即不狼儿被表现得很清楚。

这批元俑中的女俑皆裹足，说明是汉人，然而皆着交领窄袖左衽衫，且将衫子覆在裙外，与唐代之衫掩于裙内者不同。宋代妇女着旋袄的方式虽与之相类，但旋袄是对襟长衣，元女俑之衫应更多地接受了辽金服式的影响。

展出的元代陶鞍马也值得注意。元代马鞍虽然也属于后桥倾斜鞍，但耸立于马背，增加了居高临下的气势。其前鞍桥上扬，后鞍桥也在鞍之下缘露一道宽边，使此两处皆可施加装饰。内蒙古锡林郭勒盟镶黄旗乌兰沟元墓所出者，前后鞍桥均包镶纹饰富丽的金叶。元代马鞍如不采用这种形制，上述华贵的金饰就失去用武之地了。更值得注意的是元代陶马车。和它可相比较的车有两例：一例是西安曲江至元二年（1265年）段继荣墓出土的陶"亭子车"，此名称见于元·薛景石《梓人遗制》（《永乐大典》卷一八二四五，十八漾匠字引）。这辆车上明确地表示出驾车之马以背上的驮鞍（小鞍）为支点，而以肩套为曳车承力之处，被称为"鞍套式系驾法"。对于畜力车说来，它是最合理的系驾方式。无论在我国或在欧洲，这种系驾方式均出现于13世纪中期。另一例也在西安出土，收藏于陕西历史博物馆，它的系驾部件已脱失，这方面的情况不详。但其顶部的形制与展品中的陶车基本相同，有如唐宋时之长檐车的车盖与亭子车的车盖相结合而成。展品中的陶车的系驾部件虽亦不完备，但马背上有明确的驮鞍，无疑是一辆采用鞍套式系驾法的车。上述这几辆车均位于当时世界上驾车技术之革新的前沿。

这批文物中时代较晚的明代人物俑，均为皂隶仆妇之流。其中男子多着靴，外套对襟半袖，戴边鼓帽或六合一统帽（即俗称之瓜皮帽、瓜喇帽，明代亦称之为小帽）。女子着裙、袄，带云肩，身体造型匀称，也称得上是精致的作品了。

山东博兴出土的北朝石雕菩萨立像

杨　泓（中国社会科学院考古研究所　研究员）

北朝石雕菩萨立像，1976年3月出土于山东博兴的一处窖藏中，系张官大队农民推土垫房基时被偶然发现，在窖藏坑中整齐地埋藏有多件古代佛教造像，包括石雕和瓷塑造像。当时现场遭破坏，出土造像散失民间，后来经当地文物部门展开工作，收回73件造像，其中就有这件青石雕菩萨立像。这处窖藏的佛教造像，由常叙政、李少南写成文物简报，发表于《文物》月刊1983年第7期[1]。

令人遗憾的是这件全高超过1米的菩萨立像，竟然轻易地被从博兴偷盗出境，后在英国出现，并被日本滋贺县MIHO博物馆收购并展出。幸而在造像出土后，常、李两位及时写出文物简报发表，使得造像被盗出国后，有充分的证据可以证明它是中国被盗的文物。后来经过国人和中国政府的努力[2]，还有国际上对中国友好的友人的帮助[3]，这件珍贵的造像终于安全地回归故里，这使国人倍感欣慰。

1976年山东博兴县城东北发现的这处窖藏，其中出土的石刻造像经文物部门收回的共计66件，内有造像碑1件、较为完整的造像25件、残头像18件（内佛头9件、菩萨头9件），以及残像座12件、带足榫11件。其中有9件刻有纪年铭文，分别为东魏武定五年（547年）、八年（550年）及北齐天保元年（550年）、乾明元年（560年）、太宁二年（562年）、天统二年（566年）和四年（568年）、武平元年（570年）。表明这组石刻佛教造像的年代在东魏到北齐时期，约从公

元547年至570年。其中刻工最精的1件，就是这件曾经被盗运出国的青石雕刻的菩萨立像。该像头高18厘米、身高100厘米，附有圆形头光，直径54厘米。1976年以后到1984年，博兴县文物管理所又陆续在那处遗址先后获得石造像、铜造像和瓦当等文物，出土的石、铜造像共达200件，主要为北朝时期所制作，并考察清楚出土地点原是建于隋代以前的龙华寺遗址[4]。

在北朝中晚期，从北魏神龟年间到东魏—北齐时期（约518~577年），随着北魏都城洛阳建造皇家大寺永宁寺时兴起的佛教造像艺术新风[5]，在今河北、山东等地区都出现了雕造佛教造像的高潮。山东地区的造像中心是今青州市，这与当地自东晋十六国至南北朝时期的历史地位有关。青州市在东晋十六国时期称广固，南燕慕容超在此建都，刘裕灭南燕东晋收复青州，筑东阳城。到南北朝时，刘宋取代东晋领有青州，公元469年北魏将慕容白曜攻陷东阳城，青州地区又归入北朝版图。东魏—北齐时期，因为从军事上要南防南朝，西拒西魏—北周，所以青、齐等州所在的山东地区，是其重要的后方战略基地，与太原地区一同被视为"霸业所在，王命是基"[6]，且山东地区还可通过海路与南方有所联系，便于吸收当时南朝文化的影响。因此当时青州地区的经济文化都有很大发展，佛教文化更是日趋兴盛，所以这一地区在北朝晚期能够出现雕造佛教造像的高潮[7]。青州市有关北朝石刻造像的主要考古发现，是龙兴寺遗址的

窖藏佛教造像。龙兴寺为唐代寺名，北齐时称"南阳寺"，为当时城中正东之"甲寺"[8]，遗址位于青州古城西门南部，占地近3万平方米。在该寺遗址范围内曾多次发现过北朝时期的贴金绘彩石造像[9]。1996年更在寺址中轴线北部大殿后5米处，发现一处面积近67平方米的窖藏坑，从坑中清理出佛教造像约200余尊，其时代自北魏，经历东魏、北齐、隋、唐，直至北宋年间，但最具学术价值的是北朝时期的贴金绘彩石造像[10]。由于南阳寺为城中之甲寺，可视为当时青州佛教活动的中心，所以寺中造像当可视为北朝晚期青州石雕佛教造像的代表作品。

青州市出土的北朝时期石雕佛教造像，除上述龙兴寺遗址的发现外，在青州市城东兴国寺故址也曾采集到残佛教石造像近40件[11]。令人遗憾的是青州的北朝时期佛教石造像，过去曾有些流失出大陆，其中亦不乏精品[12]。

除青州市有关北朝石雕佛教造像的考古发现外，在其周围的临朐、诸城、博兴、广饶[13]、高青[14]和更北的元棣[15]，都有关于北朝石造像的考古发现，表明北朝时青州地区[16]以东阳城（今青州市）为中心，佛教文化的发展十分兴盛。上述诸地出土的佛教石造像，最值得重视的有三组遗物，分别发现于临朐、诸城和博兴。1984年在临朐上寺院村原明道寺舍利塔塔基地宫中出土佛教石造像残块1200余块，其中有18件残像有纪年铭文，还有1件"沂山明道寺新创

舍利塔壁记"石碑[17]。诸城市于1988～1990年兴修体育中心时，发现一处古代佛寺废址，出土佛教石造像残体超过300件[18]。博兴出土的造像，就是本文前面引述的一组遗物。

综观青州地区出土的北朝佛教石造像，其中纪年最早的一件是据传出土于青州市西王孔庄的张宝珠造像，纪年为正光六年（525年），为背屏式三尊像，高220厘米[19]。龙兴寺窖藏出土石佛像中，纪年最早的一件是永安二年（529年）韩小华造弥勒像，还有一件是太昌元年（532年）比丘尼惠照造弥勒像[20]。龙兴寺遗址的北魏晚期造像身躯匀称，面相额方颐圆，显露丰腴之态，眉长目细，直鼻小口，嘴角微翘略含笑意。造像石材因地域特色采用青州当地灰黑色调的青色石灰石，但雕刻精致，且大部原敷色彩保存完好。多见大型有背屏的三尊像和单体立姿像。上述青州地区从北魏正光年间以降佛教造像出现的艺术新风，应系源自当时都城洛阳的影响。在对洛阳北魏永宁寺遗址九级浮图基址的考古发掘中[21]，获得了超过1500件彩塑残件，包括等身像或比等身像更大的塑像残块，以及1米左右高度的中型塑像残块和小型影塑残像，从保存较好的残头像，表明当时造像面部特征大致是"面相方圆，长眉细目，直鼻大耳，小口薄唇，表情含蓄，隐现庄严慈祥之容。"[22]特别是细而微上斜的眼睑间不刻画睛珠，嘴小而两嘴角微翘略含笑意，最具传神特色。这些造像大约塑制于神龟二

青州龙兴寺出土东魏天平三年邢长振造释迦像

年（519年）八月到正光元年（520年）七月之间[23]。永宁寺为孝明帝之母灵太后胡氏所立皇家大寺，塑像自代表当时塑工最高水平，也反映出当时引领潮流的时代风尚。十分明显，永宁寺塑像面相方圆一改前此北魏造像削瘦的新风，源于南朝艺术风格的变化，也就是由顾恺之到陆探微的清瘦造型，转向张僧繇的丰腴面相，即由重"骨"转向重"肉"，由密体向疏体的转变[24]。于是在北魏皇室的带动下，模仿南朝造型新风自然向都城洛阳以外地区迅速扩展，至迟在正光年间已传遍青州等地，其传播相当之快。

在青州市龙兴寺窖藏中出土佛教石造像，到北齐时更具特色，出现宽肩细腰，衣薄透体的新造型，从东魏晚期开始一种有别于"褒衣博带"佛衣的佛教造像遂渐兴起，到北齐时则趋于流行。造像面相圆润丰满，而且肩胛宽厚而腰身细瘦，多单体立姿。佛衣贴身，质薄透体，衣纹舒朗简洁，多作双线，纹褶舒叠下垂，有的甚至平素不刻衣纹，仅以彩绘表现衣饰细部，更显薄衣贴身，衣下肌体隐现，近于画史所描述的"出水"之姿。佛衣外饰彩绘，多画出田字框格，多用朱红色。又常在田字格内绘人物图像，或在田字格内剪地浅浮雕各种人物图像。与佛像衣饰刻划趋简不同，菩萨像的佩饰却日渐繁缛，刻工亦趋精细，出现项圈串饰和璎珞组成的复杂项饰，有的全身披悬网状璎珞，两腿间垂饰宽带，装饰华美，亦涂金饰彩。青州从东魏晚期到北齐时在青州广泛流行的佛衣贴体甚至不施衣纹的立像，目前在东魏—北齐都城邺南城遗址却很少发现，只在青州地区发现的数量众多，已成当地石造像的主流，应系青州地区石佛造像的特色。青州地区兴起的这种北齐薄衣透体的造像新风，明显带有中印度秣菟罗艺术风格。究其原因，或与青州与南朝文化交往密切有关，也与当时北齐皇室深染胡俗，受西域昭武九姓中曹国画师影响有关。上述两方面的影响汇集于此，又结合青州当地造像传统，所以出土北齐时石像中薄衣立佛数量众多，形制繁杂，雕工精美，显示出青州造像之领先时代风尚。

博兴龙华寺遗址窖藏出土石刻佛教造像，纪年为东魏武定五年（547年）至北齐武平元年（570年），也就是青州地区造像由北魏晚期影响的东魏造型，转化向北齐薄衣透体造像新风的时期。自日本回归的这件博兴出土的菩萨立像，虽然缺乏纪年铭，但从面相到体态，都近于青州龙兴寺出土东魏天平三年（536年）邢长振造释迦三尊像和尼智明造三尊像的胁侍菩萨。将这件造像与青州地区出土的同类造像相比，其雕造工艺更为精细，天衣褶纹颇显流畅自然，佩饰的璎珞疏密得体。其身躯微向前倾，头部造型更为传神，面相方圆，弯眉细目，微翘的嘴角饱含笑意，使信众观后更感亲切慈祥，顿生皈依之情，确是青州地区单体菩萨造像中的佳作。这件菩萨雕像还有一处与众不同之处，就是在头上所戴宝冠正中多安置化佛或宝珠的位置，雕出一只双目朝上两翅下垂伏卧的蝉纹，类

青州龙兴寺出土蝉纹冠菩萨像

似当时世俗官员冠上的蝉纹金珰。蝉纹金珰为侍中等戴用[25]，是伴从皇帝身旁的近臣，或许因当时僧侣将佛比拟人间皇帝，所以在佛的胁侍菩萨冠上雕饰蝉珰。在菩萨宝冠上饰蝉纹是很罕见的，至今只有在青州地区北朝石雕造像中发现两例，另一例出土于青州龙兴寺窖藏中，其体高、造型及服饰大致与博兴菩萨相近，但残损较甚，双足已断，且头光缺失[26]。博兴菩萨背后所附圆形头光完整无缺，亦颇为难得。因此，博兴出土的这件石雕菩萨立像，堪称国宝级文物，国人对她实应倍加珍惜。

今日失窃的北朝菩萨立像得以重返故乡，是国人、国外友人和国家文物局有关官员共同努力的结果。但是对于体高超过1米的硕大石雕文物竟能轻易地被盗出国，又不能不对保管者的不负责任和其上级主管官员的不作为深感痛心，祈望能接受这类惨痛的教训，使今后国宝级文物被盗的事件能不再发生。

〔1〕常叙政、李少南《山东省博兴县出土一批北朝造像》，《文物》1983年第7期。

〔2〕王立梅《挚爱与奉献——我所参与的中国文物对外交流》，第137～146页，文物出版社，2008年。

〔3〕李力《失踪国宝要回家——一封神秘来信道出失踪国宝的下落》，《中国文物报》2001年1月14日；李力《神秘人推动国宝回家——菩萨造像流失海外14年　归国之路曲折传奇》，《北京青年报》2008年1月22日。

〔4〕山东省博兴县图书馆李少南《山东博兴出土百余件北魏至隋代铜造像》，《文物》1984年第5期；山东省博兴县文物管理所《山东博兴龙华寺遗址调查简报》，《考古》1986年第9期。

〔5〕宿白《北期造型艺术中人物形象的变化》，《中国石窟寺研究》附录二，文物出版社，1996年。

〔6〕《北齐书·文宣纪》，第51～52页，中华书局校点本。

〔7〕杨泓《关于南北朝时期青州地区考古的思考》，《中国古兵与美术考古论集》，第255～267页，文物出版社，2007年。

〔8〕北齐武平四年娄定远所立《司空公青州刺史临淮王像碑》。参见孙新生《山东青州北齐〈临淮王像碑〉》，《文物》1999年第9期。

〔9〕青州市博物馆《山东青州发现北魏彩绘造像》，《文物》1996年第5期；青州博物馆夏名采、刘华国、杨华盛《山东青州出土两件北朝彩绘石造像》，《文物》1997年第2期。

〔10〕山东省青州市博物馆《青州龙兴寺佛教造像窖藏清理简报》，《文物》1998年第2期。

〔11〕夏名采、庄明军《山东青州兴国寺故址出土石造像》，《文物》1996年第5期。

〔12〕台北故宫博物院编辑委员会《雕塑别藏——宗教篇特展图录》，台北故宫博物院，1997年7月。

〔13〕东营市历史博物馆赵正强《山东广饶佛教石造像》，《文物》1996年第12期。

〔14〕常叙政、于丰华《山东省高青县出土佛教造像》，《文物》1987年第4期。

〔15〕惠民地区文物管理组《山东无棣出土北齐造像》，《文物》1983年第7期。

〔16〕本文所述南北朝时的青州地区，系泛指南朝宋时的青州领域，北朝时北魏以降的青州，并扩及其北齐州领域，其中心在今山东青州市及淄博、临朐、潍坊一带。

〔17〕临朐县博物馆《山东临朐明道寺舍利塔地宫佛教造像清理简报》，《文物》2002年第9期。

〔18〕诸城市博物馆《山东诸城发现北朝造像》，《考古》1990年第8期；杜在忠、韩岗《山东诸城佛教石造像》，《考古学报》1994年第2期。

〔19〕山东省博物馆《北魏正光六年张宝珠等造像》，《文物》1961年第12期。

〔20〕青州市博物馆《青州龙兴寺佛教造像艺术》，图1～9，山东美术出版社，1999年。

〔21〕中国社会科学院考古研究所《北魏洛阳永宁寺——1979～1994年考古发掘报告》，中国大百科全书出版社，1996年。

〔22〕同〔21〕，第149页。

〔23〕同〔21〕，第143页。

〔24〕同〔5〕。

〔25〕孙机《中国古舆服论丛》〔增订本〕，第173～177页，文物出版社，2001年。

〔26〕同〔20〕，图148。

论西汉"裸体"陶俑

焦南峰 （陕西省考古研究院 研究员）

2001年4月27日，汉文帝灞陵窦皇后墓被盗，包括200多件黑色裸体陶俑在内的部分珍贵文物流失。2002年2月，其中的6件陶俑出现在美国索斯比拍卖行的拍卖图录上。同年7月，我受陕西省文物局的委托，从专业角度执笔回答了美国海关正式致函询问的有关该批文物真伪、时代、出土地点等11个问题。

2003年6月17日，美国海关正式将6件西汉裸体陶俑归还中国。6月26日，这批珍贵文物终于重返故乡。观赏着这些苗条修长的男性裸体陶俑，作为一名为追索文物做过一点工作的文物工作者，自己百感交集，惊喜不已。

在中国古代的种类繁多的陵墓随葬品中，陶俑以其兼具多种价值而备受瞩目；而在多种类型的陶俑中，裸体陶俑因其数量较少，分布地区狭小、流行时间较短成为研究的热点。此次6件流落海外的西汉裸体陶俑的回归，为我们研究这一热点问题提供了极其重要的实物资料。

裸体陶俑的主要发现

（1）20世纪70年代考古调查时，在平陵附近断崖的文化层堆积中，发现有男性裸俑[1]。

（2）1983年，中国社会科学院考古研究所发掘了汉宣帝杜陵一号、四号从葬坑，共出土男性裸体立姿陶俑49件[2]。

（3）1985年，周苏平、王子今两位先生在对汉长安城西北区陶俑作坊遗址进行调查时，采集到"裸体"陶俑躯干9件，其中可判定为男俑3件、女俑1件[3]。

（4）1986年陕西省考古研究所在西安东南郊的新安机砖厂发掘了一座西汉早期"甲"字形大型汉墓，墓中出土的一方封泥，篆刻"利成家丞"4字，从而确定了该墓的等级应该是列侯级。一陶罐肩部写有"东园□□"4字，说明墓主和刘氏皇室有关。墓中出土"裸体"立俑8件。其中男俑3件，女俑5件。"裸体"骑马俑25件[4]。

（5）1987年、1990年和1991年，中国社会科学院考古研究所在汉长安故城西北，今六村堡、相农巷一带，发掘了主要烧造陶俑的窑址27座，出土裸体陶俑头735件，还在第21号和第22号窑内发现未焙烧的裸体陶俑坯（即泥质俑）782件[5]。

（6）1991年3月起，陕西省考古研究所汉陵考古队对汉阳陵南区从葬坑6、8、16、17号坑进行了正式发掘，出土完整彩绘裸体陶俑90件，俑头537个[6]。

（7）陕西省考古研究所汉陵考古队对汉阳陵南区从葬坑发掘的第二阶段，在20～23号坑内共出土完整陶俑368件，俑头320个[7]。

（8）1994年，陕西省考古研究所汉陵考古队在阳陵第9号陪葬墓的从葬坑中清理出裸体陶俑177件[8]。

陶俑出土现场

（9）20世纪90年代初，陕西省考古研究所茂陵考古队在茂陵的一座陪葬墓中发掘出土一批裸体陶俑[9]。

（10）1998年7月，陕西省考古研究所阳陵考古队试掘了帝陵封土东侧的11～21号外藏坑，出土包括裸体骑马俑、裸体立俑在内的彩绘陶俑数百件[10]。

（11）1987～1991年，河南省商丘市文物管理委员会和河南省文物考古研究所等联合发掘了位于河南省永城县芒山的柿园汉梁王陵墓，墓中出土有裸体的女立俑多件、裸体骑马俑40件[11]。

（12）2007年春节，美籍华人范世兴先生等14位海外侨胞和国内爱国人士捐赠的31件西汉珍贵文物首次在汉阳陵考古陈列馆公开露面，其中有男性裸体陶俑4件、女性裸体陶俑6件、半裸体（上身）彩绘陶俑12件。

裸体陶俑的定名

早在20世纪50年代俞伟超先生在汉长安城西北部进行考古调查时就发现了裸体陶俑[12]，90年代中期以前，学者们一直根据陶俑不着存缕的表象称其为"裸俑"或"裸体陶俑"[13]。

1997年，王学理先生首次在汉阳陵南区从葬坑的发掘时注意到几乎所有的裸体陶俑出土时均发现有衣物朽迹，认为这些裸体陶俑随葬时均着衣佩饰，并开始使用"着衣式木臂陶俑"这一名称[14]。

2002年，包括笔者在内的汉阳陵考古队的研究者结合陶俑的制作工艺和出土相关迹象将阳陵陶俑分为着衣式和塑衣式两大类。所谓着衣式即裸体陶俑，因此类陶俑躯体（无手臂）模塑成型，外着丝、麻或皮革质衣物，"衣纨绨"，故称之为着衣式。所谓塑衣式则是指此类陶俑衣物及躯体均泥质，衣物随着躯体模塑成型。曾有学者将我们所讲的着衣式和塑衣式命名为"裸体俑"和"着衣式俑"[15]，其本意是一类有衣服，一类裸体。但事实上，这些陶俑身上当时均有衣物，而不是裸体。只不过一类陶俑身着的衣服、甲胄等均与主体躯干一起压模成型，至今保存较好、风采依旧；一类已木臂残朽、彩衣尽蚀，显现出赤身裸体的"不雅"形象。

着衣式陶俑的制作方法

根据对大量出土陶俑的观察分析可知，西汉着衣式陶俑的制作工艺大致如下：

（1）模制。先选定合适的陶土，并经过筛选、淘洗使之更为纯净，然后将之和为干湿软硬适度的陶泥，再将其压嵌进事先准备好的模具内。当时的模具分为头颅、躯干、腿、脚四大段。汉长安城西北区陶俑作坊遗址出土的陶俑制作模具就是当时制作工具的孑遗[16]。

（2）加塑。陶俑的主体部分压模成型后再将诸如鼻、耳、阳具等小部件粘接上去，并将鼻、耳、肛

陶俑陌额痕迹

门等人体窍孔插成很深的孔洞。为了避免模制出的陶俑千人一面的弊病，工匠们还对其面部进行了捏、塑、刻等艺术加工，使同模的陶俑形象各具情态。最后将俑体的各部分粘接成型。

（3）焙烧。待陶俑粗坯的制作完成后，将之放入陶窑内焙烧，使之变为坚硬的陶质。

（4）着色。将焙烧好的陶俑根据真人身体每一部分的实际情况为其绘彩，譬如陶俑的头发、眉毛、眼睛、胡须等绘为赭黑色，而其颜面、躯体则绘为橙红色。值得一提的是工匠们在绘彩时，对陶俑的面部又进行了划、抹、绘等进一步的艺术深加工，使之更加生动逼真。

（5）烘烤。为了使陶俑身上绘制的色彩附着更紧密，再将之二次入炉烘烤。

（6）雕琢。在制作陶质躯干的同时，制作带有关节并可以活动的木制臂膊和手。

（7）组装。将雕琢好的木制臂膊和手安装在事先烧制好的陶俑肩部预留的贯通两侧的圆孔处，至此一件陶俑的基本造型就算完成。

（8）着衣配饰。接下来的工作是根据需要给陶俑穿着服装、配置装备等。例如阳陵南区从葬坑是代表军队的，其中需要大量的军士俑，于是作坊里那些已经完工的陶俑便被穿上战袍，披上铠甲，双手执戟拥盾，装扮成威风凛凛的武士形象，然后按当时军队的建制放入从葬坑中。

着衣式陶俑的发髻与服饰

着衣式陶俑经过在地下两千多年的埋藏后，肩上木制胳膊和身上的服装等大多已朽没无存，但是经过我们在汉阳陵多年精心的观察和清理，其服饰痕迹还是历历可辨。根据这些痕迹并参照塑衣式陶俑的服饰，我们就不难对着衣式陶俑的服饰情况有一个大致的了解。

发型

古人一般都留长发，只有因犯才被剃去须发，名谓"髡首"。秦律中记载，斩人发髻和拔人须眉要判完旦（4年刑），斗殴时拔去别人的须发也要受到惩处，足见当时人们对须发的重视程度。着衣式陶俑头发均梳理得整整齐齐，发髻有椎髻、扁髻、圆髻等不同式样。

椎髻，将全部头发向后梳理拢于脑后，在发稍处绾结。这种下垂式的发髻在秦汉时期的妇女发式中，一直占主导地位，因其形状与木椎相似而得名。阳陵的着衣式陶俑中的女俑皆梳此种发式，但个别男武士俑亦有梳椎髻者。《汉书·陆贾传》："贾至，尉佗魋结箕踞见贾。"服虔注："魋音椎，今兵士椎头髻也。"可见当时的兵士中确亦有梳椎髻者。

堕马髻，又称堕髻。梳挽时由正中开缝，分发双颞，至颈后集为一股，挽髻之后垂至背部，另从髻中抽出一绺，朝一侧下垂。这种发式始于汉代，风行一时，东汉以后梳者渐少，至魏晋时几近绝迹，是妇女

陶俑行滕痕迹

发式中较为讲究的一种。

扁髻，阳陵、茂陵等出土的男武士俑、男侍从俑以及部分骑兵俑，都在脑后绾结扁髻。扁髻从形状上分为辫形扁髻和未编成辫形的扁髻。辫形扁髻的绾结方法有两种：一是把全部头发拢于脑后，编成一条宽辫，再将宽辫上折贴于脑后，上端与头顶平齐，有的略高出头顶，发稍处绾成一个小髻，髻内插笄；另一种梳理时由中间开缝，将头发分成两部分，至两颗处分别编成六至七根小辫，再把辫子向上折起，至脑后集为一股，挽髻后插笄将辫子固定于脑后发层上。未编成辫形的扁髻梳理相对较为简单，绾结方法是把头发梳理后全部拢于脑后，然后将发上折反贴于脑后，再将高出头顶的余发盘结成髻。髻内横插笄固定。

圆髻，阳陵南区从葬坑出土的骑马俑中，有一类颧骨似馒头状凸出者，其发髻也比较特殊。俑头上没有编织发辫，只是在脑后绾着圆丘形的发髻。绾结的方法是将头发梳理整齐后全部拢于脑后弯成环形，将其余的头发绕环一周塞入环内，再将发尾压在绕环一周的发股之下。

冠式

阳陵南区从葬坑出土的许多陶俑头部，均残留着丝织品的痕迹。可以肯定其中一部分俑是戴冠的，但由于保存的缘故，多数俑的冠式已不详。这里仅从南区从葬坑20号坑出土的两件俑头上的丝织品痕迹对武士俑的冠式做一分析推测。这两件陶俑的头饰保存相对较好，俑头的额部经两鬓至枕骨部，有一圈宽约两厘米的朱红色印迹，十分鲜艳。从颜色上残留的经纬编织纹观察，似为丝织品残迹。此物大概就是束敛头发的"陌额"。《汉书·周勃传》记薄太后"以冒絮提文帝"。应劭注"陌额，絮也"。古人多蓄长发，在梳理之后用布帛扎额，称之"陌额"，作用与今天的发带大抵相似。俑头上戴冠，形状犹如倒扣的簸箕，圆顶，前沿（额部）较短，后沿（脑后）较深，两侧各有一条长耳。冠上孔眼分明，是用细疏的布帛制作而成的。这种冠类似古代的弁，《释名·释首饰》说："弁，如两手合时也。"《续汉书·舆服志》则谓：弁"制如覆杯，前高广，后卑锐。"可见弁的形状犹如两手相扣，或者像一只反转的耳杯。以此来看，阳陵汉俑头上所戴就是弁。先秦以来，武士主要戴弁。《周礼·司服》说："凡兵事，韦弁服。"陕西省咸阳杨家湾汉墓陪葬坑出土的大批带有陶塑服饰的兵马俑，也在头上戴弁，与阳陵着衣式陶俑的冠式十分接近。

衣裳

就社会风习而言，汉代人以袍服为重，多着长衣，这一点在阳陵出土的塑衣式陶俑上表现的十分清楚。这类陶俑身上所塑服装结构明晰，衣着穿法清楚，大致有以下几个特征：第一，衣裳相连，在腰间合缝；第二，矩领，即领式为方折式样；第三，衣襟接长一段，作成斜角，着时由前绕至背后，以免露

陶俑着铠甲痕迹

出里衣。这些都是长衣的基本特征。长衣又名"深衣"，出现于春秋之际，盛行于战国、西汉，无论男女、尊卑均可穿着，因其被体深邃而得名。阳陵塑衣式陶俑无论其性别、身份如何，均身着深衣，这进一步说明了当时深衣制的盛行。

着衣式陶俑身上的衣服多已腐朽，式样难辨。单就阳陵南区从葬坑出土的着衣式陶俑而言，其身份应为武士，需要行军作战，而汉代的深衣、袍服一般不开衩口，且袖口肥大，行走不甚方便，因此让其着深衣或袍服就不太现实了。在秦始皇陵和杨家湾汉墓出土的塑衣武士俑中，多数陶俑均穿长度仅达膝部的长襦。长襦与袍服的主要区别是长度不同，深衣、袍服长度及足，而长襦的长度仅及膝部。从南区从葬坑清理中发现的裸俑衣物残迹来看，阳陵着衣武士俑的上衣也就是仅及膝部附近，穿的也应该是长襦。这种衣服比较短，袖口也较窄，便于行动和劳作，所以着衣武士俑身穿长襦是合乎当时实际的。

在大部分武士俑的小腿部位还缠有朱红色织物，并有斜绕痕迹，显然是系有"行縢"。汉军的行縢是用大块布帛，四角缀带，先横束于带的上方，再斜绕而下呈"Ｚ"形，扎结紧固于腿下。《释名》说："幅，所以自偪束，今谓行縢，言以裹腿。"这种行縢，就是近代军队中战士包扎的裹腿。杨家湾汉墓的骑兵和步兵俑群以及秦俑坑内武士俑的胫部亦扎着形制与此相仿的行縢，证明在秦

汉时此种服制比较流行。

甲胄

南区从葬坑还出土了大量的披甲武士俑，由于甲片原为皮质，出土时已朽，仅存棕红色和黑色的痕迹。清理迹象表明，铠甲的甲片为正方形，边长2厘米，每边的中部有2个小孔用以连接上下左右的甲片。铠甲领部的甲片排列为上压下，左压右。铠甲的长度略短于长襦，由腰部分为上下两部分。前甲上部甲片由中线向外压，上压下共有6层，用绳子连接。前甲下部为上小下大的喇叭形，下压上共有4层，均为左压右。后甲中线两侧甲片的排列方法与前甲正相反。披膊部分只有两层甲片[17]。这类甲由于其甲片形似一枚简札，故文献中称之为札甲。汉代披甲武士俑的形象，以杨家湾汉墓陪葬坑所出陶俑反映的最为具体。这里的俑大多都披札甲，简单的类型仅护住胸、背，复杂一些的增加披膊和垂于腰下的腹甲[18]。杨家湾汉墓陪葬坑的时代和性质与阳陵南区从葬坑大体相当，结合清理时发现的迹象来看，阳陵的披甲武士俑的甲式也应与其类同。

鞋履

秦汉时期的鞋履，主要有履、舄、屦、鞋、靴等，但在正规场合，汉代人应着履。阳陵塑衣式陶俑足上所穿，基本上应为履。着衣式陶俑足部虽然未发现有鞋履的痕迹，但从其它部位的着衣情况推断，应该不会忽略足部的穿着。与其性质近似的杨家湾汉墓

陪葬坑所出陶俑脚上所穿鞋履，大致有4种：草履式的"芒鞋"，方口翘尖的"履"、浅帮圆口鞋和高腰绣花靴[19]。阳陵着衣式陶俑的鞋履式样也应与上述杨家湾陶俑基本相似，一般武士俑多着草履，骑兵俑着浅帮圆口鞋，其余两种可能较少。

着衣式陶俑的分类

首先根据性别分类，与塑衣式陶俑依照发髻的区别、面容的特征及衣饰的不同等划分男性、女性相异，着衣式陶俑的性别主要根据其性器官来判断。其男性阴茎、阴囊齐备；女性的性器官则用一条细缝代表。除了男性和女性外，阳陵帝陵外藏坑还发现了阴茎短小、阴囊全无的宦者俑[20]。在秦始皇陵长达20多年的考古发掘工作中，先后发现和出土的陶俑达7000余件，但是就其性别来讲，仅发现有男性，尚未见到女性和宦者俑。西汉陶俑中男性、女性俑均多有发现。由于阳陵出土的宦者俑是我国目前发现最早的同类实物资料，因而对中国古代宦官制度史的研究具有重要价值。

就着衣式陶俑的形态讲，现仅发现有立俑、俯身俑、行走俑、骑马俑四类[21]，与塑衣式相比缺失较多，估计拱手、执物、舞蹈、驭车、奏乐等形象主要靠其木质手臂来表现，木臂已朽，形态也难知其详了。

塑衣式陶俑可以据其位置、形态、衣饰区分出官吏俑、将军俑、步兵俑、骑兵俑、宦者俑、门吏俑、侍女俑、伎乐俑、驭手俑等等；而着衣式陶俑的身份原本是根据着佩的衣物来表现的。目前，除了其出土位置、个别残存的皮甲朽迹[22]及极少的遗存在身边的印章[23]可以成为判定陶俑身份的依据外，着衣式陶俑的身份是难以确定的。

着衣式陶俑的分布与等级

就目前的资料来看，着衣式陶俑主要出土在关中中部，即汉长安城及几座西汉帝陵附近，具体讲除了汉长安城的陶俑作坊遗址就是汉文帝灞陵、汉景帝阳陵、汉武帝茂陵、汉昭帝平陵、汉宣帝杜陵五座帝陵和新安机砖厂积炭墓、阳陵9号陪葬墓、茂陵一座陪葬墓共三座高等级贵族墓。关中以外仅河南商丘永城柿园梁共王刘买陵墓中也有出土[24]。

从上述着衣式陶俑的分布和出土陵墓的墓主分析，我们认为当时这种陶躯木臂、赋彩著衣的着衣式陶俑可能是专为皇室随葬的级别较高的陪葬品。而一般的贵族大臣在未经皇帝特赐的情况下不得使用此类陶俑，只能陪葬带陶塑服饰的"塑衣式"彩绘俑。其间接证据有：第一，在全国已经发掘的30多座西汉诸侯王陵中仅有前述梁共王刘买一座陵墓随葬着衣式陶俑；第二，已发表的数以千计的西汉贵族及平民墓中没有一件着衣式陶俑出土；第三，汉阳陵内，着衣式陶俑出土于帝陵从葬坑、南区从葬坑和极个别大型陪葬墓的从葬坑内，塑衣式陶俑则在多座大中型陪葬墓中出土。

汉俑楚风

从制作技术和造型风格来看，西汉应是两种不同文化和埋葬制度影响的产物。阳陵大量随葬陶俑及塑衣式陶俑的工艺造型与秦始皇兵马俑坑出土的陶俑基本一致，无疑受到了秦帝陵殉葬制度的影响，而多数塑衣式陶俑身着的"深衣"则是楚文化的明显特征之一。

着衣式陶俑加装臂膀，外着丝帛衣服的作法，明显地与秦俑不同，这种制法目前所见的只有楚俑。在湖北江陵雨花台、湖南长沙等处楚墓中，多有这类着衣木俑出土。这种习俗后来被原楚国疆域内的西汉墓所沿袭。建国后发掘的湖南长沙马王堆曾出土有2件戴冠着衣男俑、10件着衣女仆俑和8件着衣歌舞俑，俑体均为木制，躯干仅刻出轮廓，均无双臂，身着罗绮所制的衣物[25]。这些西汉木俑明显是承袭了楚俑的造型风格。据此，可以确定阳陵出土的裸体着衣式陶俑，也应是楚风影响下的产物。

〔1〕咸阳博物馆《汉平陵调查简报》，《考古与文物》1982年第4期。

〔2〕中国社会科学院考古研究所《汉杜陵陵园遗址》，科学出版社，1993年。

〔3〕周苏平、王子今《汉长安城西北区陶俑作坊遗址》，《文博》1985年第3期。

〔4〕郑洪春《陕西新安机砖厂汉初积炭墓发掘报告》，《考古与文物》1990年第4期。

〔5〕中国社会科学院考古研究所汉城工作队《汉长安城1号窑发掘简报》，《考古学报》1994年第1期；《汉长安城23～27号窑址发掘简报》，《考古》1994年第11期。

〔6〕陕西省考古研究所汉陵考古队《汉景帝阳陵南区从葬坑发掘第一号简报》，《文物》1992年第4期。

〔7〕陕西省考古研究所汉陵考古队《汉景帝阳陵南区从葬坑发掘第二号简报》，《文物》1994年第6期。

〔8〕王学理《着衣式木臂陶俑的时代意义》，《文博》1997年第4期。

〔9〕陕西省考古研究院发掘资料。

〔10〕陕西省考古研究院阳陵考古队《汉阳陵帝陵DK11～21发掘简报》，《考古与文物》 2008年第3期。

〔11〕河南省商丘市文物管理委员会等《芒砀山西汉梁王墓地》，文物出版社，2001年。

〔12〕俞伟超《汉长安城西北部勘察论》,《考古通讯》1956年第5期。

〔13〕毕初《汉长安城遗址发现裸体陶俑》,《文物》1985年第4期。

〔14〕同〔8〕。

〔15〕同〔4〕。

〔16〕同〔5〕。

〔17〕同〔7〕。

〔18〕杨秉礼、史宇阔等《西汉三千彩绘兵马俑》,陕西人民美术出版社,1996年。

〔19〕同〔18〕。

〔20〕同〔10〕。

〔21〕陕西省考古研究所汉陵考古队《中国汉阳陵彩俑》,陕西旅游出版社,1992年。

〔22〕同〔21〕。

〔23〕同〔10〕。

〔24〕同〔11〕。

〔25〕湖南省博物馆等《长沙马王堆一号汉墓》,文物出版社,1973年。

图版

Plates

彩绘陶俑 | Painted ceramic figurine
汉 灰陶 | Han Dynasty Grey clay
高／60.5厘米 | Height/60.5cm
陕西汉阳陵博物馆藏 | Collection of Shaanxi Han Yangling Mausoleum Museum

Painted ceramic figurine 彩绘陶俑
Han Dynasty Grey clay 汉　灰陶
Height/61.5cm 高/61.5厘米
Collection of Shaanxi Han Yangling Mausoleum Museum 陕西汉阳陵博物馆藏

彩绘陶俑　　　Painted ceramic figurine
汉　灰陶　　　Han Dynasty　Grey clay
高／60.3厘米　Height/60.3cm
陕西汉阳陵博物馆藏　Collection of Shaanxi Han Yangling Mausoleum Museum

Painted ceramic figurine
Han Dynasty   Grey clay
Height/57.9cm
Collection of Shaanxi Han Yangling Mausoleum Museum

彩绘陶俑
汉　灰陶
高/57.9厘米
陕西汉阳陵博物馆藏

彩绘陶俑
汉　灰陶
高/60.9厘米
陕西汉阳陵博物馆藏

Painted ceramic figurine
Han Dynasty　Grey clay
Height/60.9cm
Collection of Shaanxi Han Yangling Mausoleum Museum

Painted ceramic figurine | 彩绘陶俑
Han Dynasty　Grey clay | 汉　灰陶
Height/62.7cm | 高／62.7厘米
Collection of Shaanxi Han Yangling Mausoleum Museum | 陕西汉阳陵博物馆藏

彩绘陶俑
汉　灰陶
高/64厘米
陕西汉阳陵博物馆藏

Painted ceramic figurine
Han Dynasty　Grey clay
Height/64cm
Collection of Shaanxi Han Yangling Mausoleum Museum

Painted ceramic figurine　　　彩绘陶俑
Han Dynasty　Grey clay　　　汉　灰陶
Height/62.5cm　　　高/62.5厘米
Collection of Shaanxi Han Yangling Mausoleum Museum　　　陕西汉阳陵博物馆藏

彩绘陶俑　Painted ceramic figurine
汉　灰陶　Han Dynasty　Grey clay
高／62.3厘米　Height/62.3cm
陕西汉阳陵博物馆藏　Collection of Shaanxi Han Yangling Mausoleum Museum

Painted ceramic figurine
Han Dynasty　Grey clay
Height/63cm
Collection of Shaanxi Han Yangling Mausoleum Museum

彩绘陶俑
汉　灰陶
高/63厘米
陕西汉阳陵博物馆藏

陶俑
汉　黑灰陶
高／60.8厘米
陕西汉阳陵博物馆藏

Ceramic figurine
Han Dynasty　Black-grey clay
Height/60.8cm
Collection of Shaanxi Han Yangling Mausoleum Museum

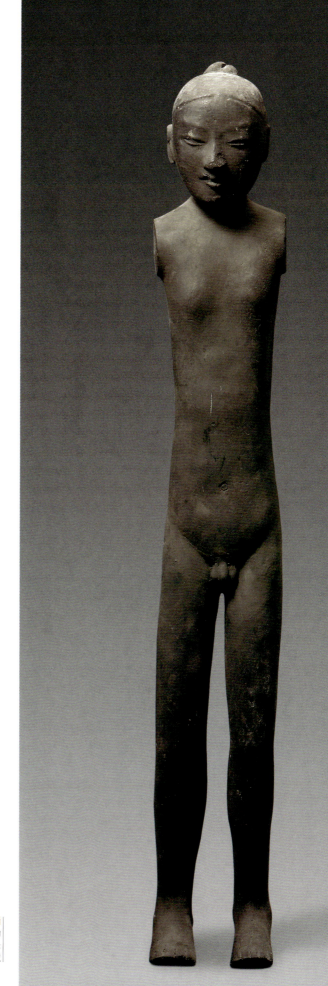

Ceramic figurine | 陶俑
Han Dynasty   Black-grey clay | 汉　黑灰陶
Height/60.8cm | 高／60.8厘米
Collection of Shaanxi Han Yangling Mausoleum Museum | 陕西汉阳陵博物馆藏

女俑
汉　黑灰陶
高/56.1厘米
陕西汉阳陵博物馆藏

Female figurine
Han Dynasty　Black-grey clay
Height/56.1cm
Collection of Shaanxi Han Yangling Mausoleum Museum

Female figurine
Han Dynasty　Black-grey clay
Height/47.1cm
Collection of Shaanxi Han Yangling Mausoleum Museum

女俑
汉　黑灰陶
高/47.1厘米
陕西汉阳陵博物馆藏

女俑
汉　黑灰陶
高／47.3厘米
陕西汉阳陵博物馆藏

Female figurine
Han Dynasty　Black-grey clay
Height/47.3cm
Collection of Shaanxi Han Yangling Mausoleum Museum

Female figurine
Han Dynasty   Black-grey clay
Height/50.6cm
Collection of Shaanxi Han Yangling Mausoleum Museum

女俑
汉　黑灰陶
高／50.6厘米
陕西汉阳陵博物馆藏

陶俑 | Ceramic figurine
西汉　黑陶 | Western Han Dynasty　Black clay
高/62厘米 | Height/62cm
从美国追索 | Repatriated from USA
西安博物馆藏 | Collection of Xi'an Museum

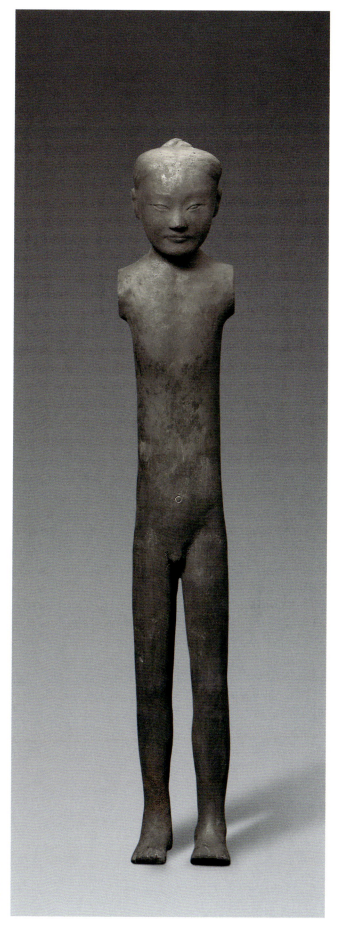

Ceramic figurine　　陶俑
Western Han Dynasty　Black clay　西汉　黑陶
Height/61cm　高／61厘米
Repatriated from USA　从美国追索
Collection of Xi'an Museum　西安博物馆藏

Ceramic figurine 陶俑
Western Han Dynasty　Black clay 西汉　黑陶
Height/61.3cm 高／61.3厘米
Repatriated from USA 从美国追索
Collection of Xi'an Museum 西安博物馆藏

陶俑 Ceramic figurine
西汉　黑陶 Western Han Dynasty　Black clay
高／63厘米 Height/63cm
从美国追索 Repatriated from USA
西安博物馆藏 Collection of Xi'an Museum

陶俑　｜Ceramic figurine
西汉　黑陶　｜Western Han Dynasty　Black clay
高/58厘米　｜Height/58cm
从美国追索　｜Repatriated from USA
西安博物馆藏　｜Collection of Xi'an Museum

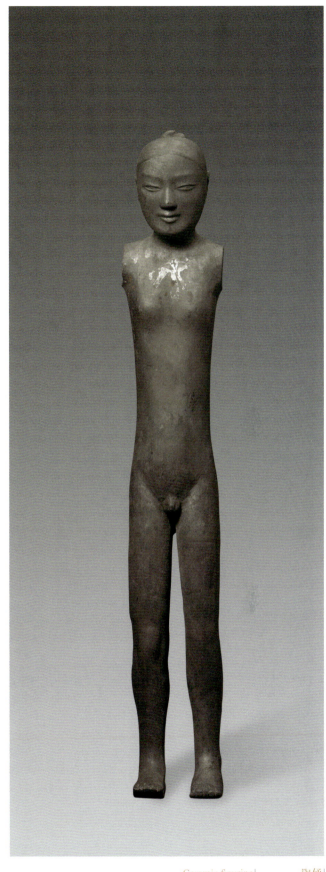

Ceramic figurine｜陶俑
Western Han Dynasty　Black clay｜西汉　黑陶
Height/63.5cm｜高/63.5厘米
Repatriated from USA｜从美国追索
Collection of Xi'an Museum｜西安博物馆藏

彩绘陶马　　　　　Painted ceramic horse
汉　陶　　　　　　Han Dynasty　Clay
高/49厘米　长/47厘米　Height/49cm　length/47cm
瑞典东亚博物馆归还　Returned by Museum of Far East in Sweden

菩萨 立像
北朝 石灰石
通高/120.5厘米 像高/92.2厘米
日本美秀博物馆归还

Standing Bodhisattva
Northern Dynasties   Limestone
Total height/120.5cm   height of statue/92.2cm
Returned by Miho Museum in Japan

玉钺
夏商　青玉
高/14厘米　宽/12厘米

Jade *Yue* axe
Xia or Shang Dynasty　Green jade
Height/14cm　width/12cm

Painted female figurine
Western Han Dynasty　Grey clay
Height/43cm　width/15cm

彩绘女俑
西汉　灰陶
高/43厘米　宽/15厘米

彩绘驾车俑　　　Painted driver figurine
西汉　灰陶　　　Western Han Dynasty　Grey clay
高／24厘米　宽／12厘米　Height/24cm　width/12cm

Ceramic chicken 陶鸡
Han Dynasty Grey clay 汉 灰陶
Height/9cm length/9cm 高／9厘米 长／9厘米

陶鸡　　　　　Ceramic chicken
汉　红陶　　　Han Dynasty　Red clay
高/16厘米　长/18厘米　Height/16cm　length/18cm

Ceramic chicken 陶鸡
Han Dynasty　Red clay 汉　红陶
Height/16cm　length/18cm 高/16厘米　长/18厘米

陶鸡
汉　红陶
高／16厘米　长／18厘米

Ceramic chicken
Han Dynasty　Red clay
Height/16cm　length/18cm

Ceramic chicken 陶鸡
Han Dynasty　Red clay 汉　红陶
Height/16cm　length/18cm 高/16厘米　长/18厘米

陶鸡　　　　　　　Ceramic chicken
汉　灰陶　　　　　Han Dynasty　Grey clay
高／7厘米　长／5厘米　Height/7cm　length/5cm

Ceramic chicken 陶鸡

Han Dynasty　Grey clay 汉　灰陶

Height/5cm　length/4cm 高/5厘米　长/4厘米

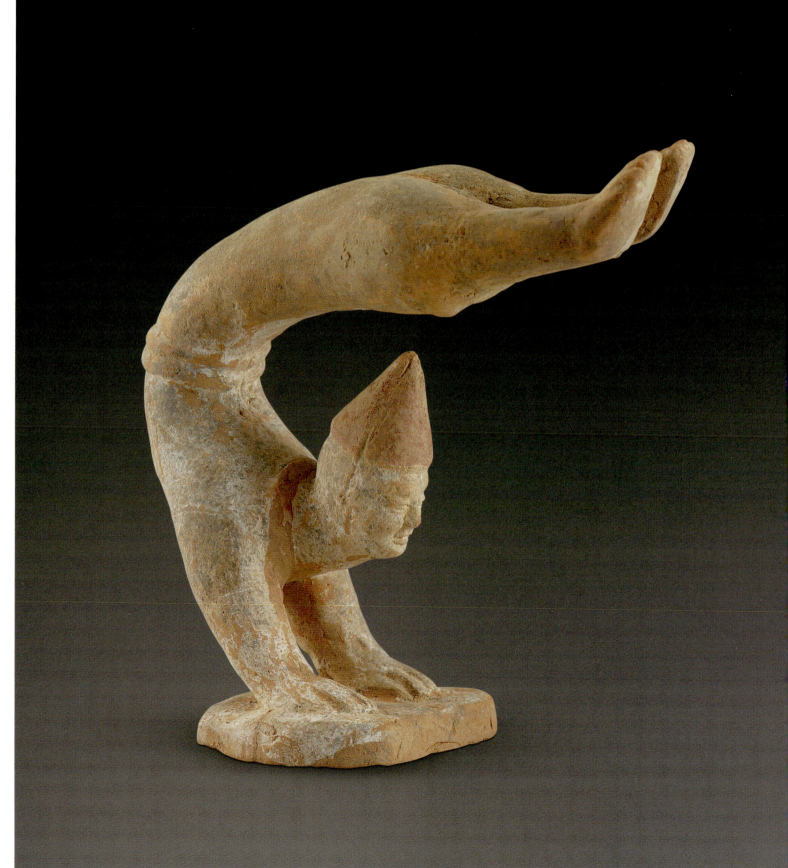

陶鸡　　　　　　　　　　　Ceramic chicken
东汉　红陶　　　　　　　　Eastern Han Dynasty　Red clay
高／26厘米　长／19厘米　　Height/26cm　length/19cm

Ceramic dog   陶狗

Eastern Han Dynasty   Grey clay   东汉   灰陶

Length/12cm   width/5cm   长／12厘米   宽／5厘米

陶羊
东汉　灰陶
高/8厘米　长/4厘米

Ceramic goat
Eastern Han Dynasty　Grey clay
Height/8cm　length/4cm

Ceramic horse
Eastern Han Dynasty　Grey clay
Height/5cm　length/7cm

陶马
东汉　灰陶
高／5厘米　长／7厘米

陶船
东汉　灰陶
长/29厘米　宽/10厘米

Ceramic boat
Eastern Han Dynasty　Grey clay
Length　29cm　width　10cm

Ceramic pigsty | 陶圈
Eastern Han Dynasty   Grey clay | 东汉　灰陶
Length 24cm   width 15cm | 长／24厘米　宽／15厘米

绿釉陶楼　　　　　Green glazed ceramic building
东汉　陶　　　　　Eastern Han Dynasty　Clay
高/42厘米　宽/33厘米　Height　42cm　width　33cm

Painted attendant figurine
Southern and Northern Dynasties   Grey clay
Height 20cm   width 6cm

彩绘侍从俑
南北朝　灰陶
高／20厘米　宽／6厘米

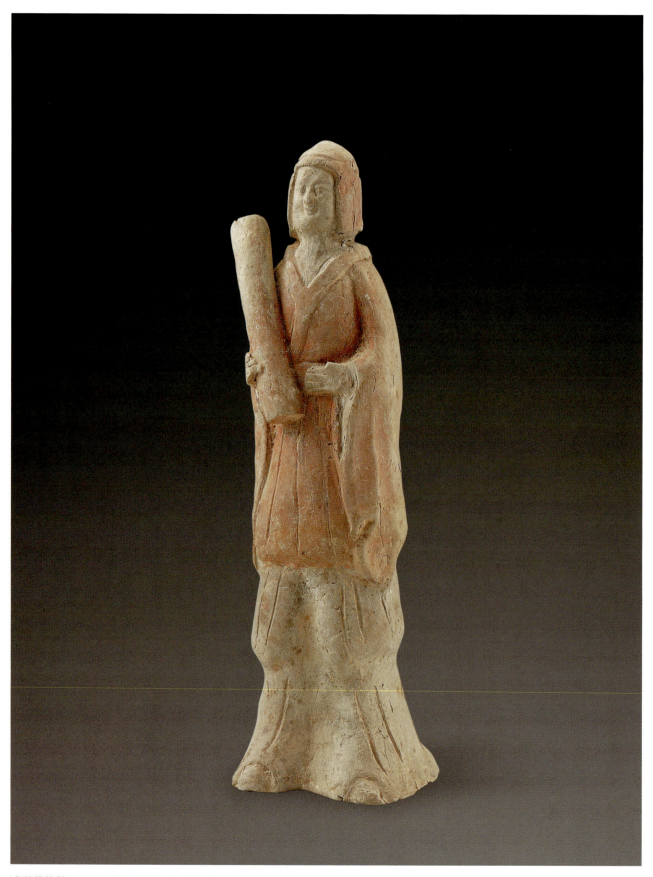

彩绘侍从俑
南北朝　灰陶
高／20厘米　宽／6厘米

Painted attendant figurine
Southern and Northern Dynasties　Grey clay
Height　20cm　width　6cm

侍卫俑
南北朝　陶
高/25厘米　宽/7厘米

Guard figurine
Southern and Northern Dynasties　Clay
Height　25cm　width　7cm

Guard figurine
Southern and Northern Dynasties   Clay
Height 25cm   width 7cm

侍卫俑
南北朝   陶
高/25厘米   宽/7厘米

彩绘骑马俑
南北朝　灰陶
高／29厘米　长／21厘米

Painted horseman figurine
Southern and Northern Dynasties　Grey clay
Height/29cm　length/21cm

Brown glazed ceramic chicken
Wei, Jin, Southern and Northern Dynasties   Clay
Height 16cm   length 11cm

酱釉陶鸡
魏晋南北朝   陶
高／16厘米   长／11厘米

侍卫俑
南北朝   灰陶
高／18厘米   宽／5厘米

Guard figurine
Southern and Northern Dynasties   Grey clay
Height 18cm   width 5cm

酱釉陶狗　　　　Brown glazed ceramic dog
魏晋南北朝　陶　　Wei, Jin, Southern and Northern Dynasties　Clay
高/7厘米　长/11厘米　Height/7cm　length/11cm

Brown glazed ceramic dog   酱釉陶狗
Wei, Jin, Southern and Northern Dynasties   Clay   魏晋南北朝　陶
Height／7cm   length／11cm   高／7厘米　长／11厘米

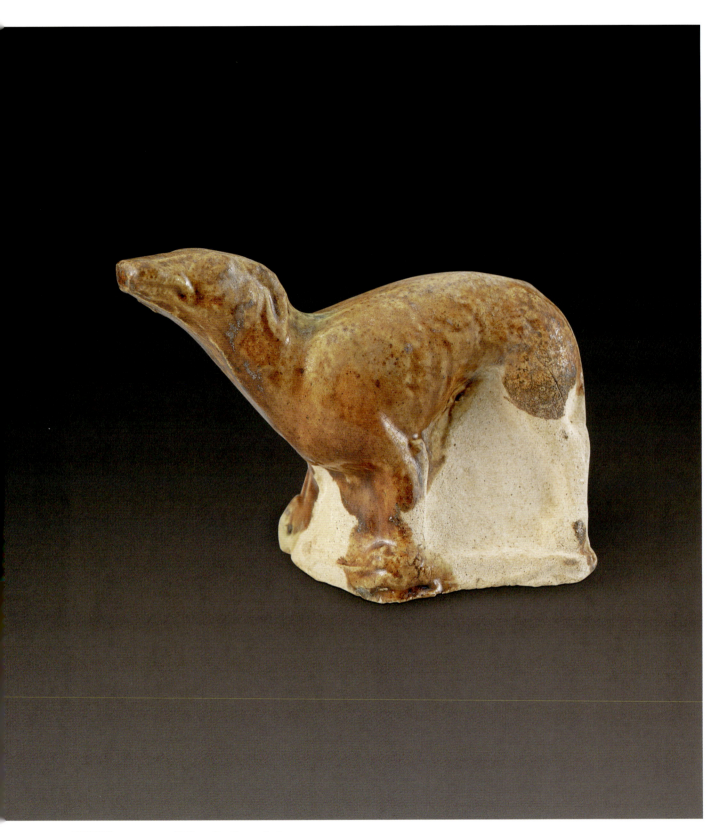

黄釉陶狗　　　　　　　Yellow glazed ceramic dog
魏晋南北朝　陶　　　　Wei, Jin, Southern and Northern Dynasties　Clay
高/8厘米　长/10厘米　　Height　8cm　length　10cm

Yellow glazed ceramic dog
Wei, Jin, Southern and Northern Dynasties   Clay
Height 8cm   length 10cm

黄釉陶狗
魏晋南北朝   陶
高/8厘米   长/10厘米

陶卧羊　　　　　　　Ceramic lying goat
魏晋南北朝　灰陶　　Wei, Jin, Southern and Northern Dynasties　Grey clay
高／7厘米　长／12厘米　Height/7cm　length/12cm

Ceramic lying goat
Wei, Jin, Southern and Northern Dynasties　Grey clay
Height/7cm　length/12cm

陶卧羊
魏晋南北朝　灰陶
高　7厘米　长　12厘米

陶卧羊　　　　　Ceramic lying goat
魏晋南北朝　灰陶　　Wei, Jin, Southern and Northern Dynasties　Grey clay
高／7厘米　长／12厘米　Height/7cm　length/12cm

Ceramic lying goat | 陶卧羊
Wei, Jin, Southern and Northern Dynasties　Grey clay | 魏晋南北朝　灰陶
Height/7cm　length/17cm | 高　7厘米　长　17厘米

黄釉陶卧羊　　　Yellow glazed ceramic lying goat
魏晋南北朝　陶　　Wei, Jin, Southern and Northern Dynasties　Clay
高／8厘米　长／12厘米　Height/8cm　length/12cm

Ceramic pig

Wei, Jin, Southern and Northern Dynasties　Grey clay

Height/6cm　length/10cm

陶猪

魏晋南北朝　灰陶

高　6厘米　长　10厘米

陶牛车
魏晋南北朝　灰陶
高／15厘米　长　26厘米

Ceramic ox carriage
Wei, Jin, Southern and Northern Dynasties　Grey clay
Height/15cm　length/26cm

Ceramic ox
Wei, Jin, Southern and Northern Dynasties　Grey clay
Height/12cm　length/22cm

陶牛
魏晋南北朝　灰陶
高　12厘米　长　22厘米

Yellow-green glazed figurine of a West Asian person leading a horse   黄绿釉牵马胡人俑
Tang Dynasty   Clay   唐 陶
Height/28cm   width/11cm   高 28厘米 宽 11厘米

Ceramic figurine　　　　　　幞头俑
Tang Dynasty　Clay　　　　　唐　陶
Height/22cm　width/7cm　高　22厘米　宽　7厘米

彩绘侍女俑　Painted female attendant figurine
唐　灰陶　Tang Dynasty　Grey clay
高　25厘米　宽　7厘米　Height/25cm　width/7cm

彩绘女俑
唐　红陶
高　30厘米　宽　10厘米

Painted female figurine
Tang Dynasty　Red clay
Height/30cm　width/10cm

Painted female figurine
Tang Dynasty　Red clay
Height/30cm　width/10cm

彩绘女俑
唐　红陶
高　30厘米　宽　10厘米

Figurines of twelve zodiac animals with human body   人身兽首生肖俑

Tang Dynasty   Red clay   唐　红陶

Height/18cm   width/6cm   高　18厘米　宽　6厘米

Figurines of twelve zodiac animals with human body
Tang Dynasty   Clay
Height/18cm   width/5cm

人身兽首生肖俑
唐　陶
高　18厘米　宽　5厘米

彩绘陶卧狗　　　　　　　　Painted ceramic lying dog
唐　灰陶　　　　　　　　　Tang Dynasty　Grey clay
高　6厘米　长　14厘米　宽　6厘米　　Height/6cm　length/14cm　width/6cm

Painted ceramic lying dog
Tang Dynasty　Grey clay
Height/6cm　length/12cm　width/6cm

彩绘陶卧狗
唐 灰陶
高 6厘米　长 12厘米　宽 6厘米

陶牛
唐　红陶
高 12厘米　长 14厘米

Ceramic ox
Tang Dynasty　Red clay
Height/12cm　length/14cm

Ceramic ox 陶牛
Tang Dynasty   Red clay 唐　红陶
Height/12cm   length/14cm 高　12厘米　长　14厘米

彩绘文官俑　　　Painted civil officer figurine
北宋　灰陶　　　Northern Song Dynasty　Grey clay
高　28厘米　宽　8厘米　　Height/28cm　width/8cm

青釉魂瓶
宋　瓷
高　54厘米　腹径　14厘米

Green glazed vases
Song Dynasty　Porcelain
Height/54cm　belly diameter/14cm

铁猪
金元　铁
高 9厘米　长 13厘米

Iron pig
Jin and Yuan Dynasties　Iron
Height/9cm　length/13cm

立俑
元　灰陶
高　26厘米　宽　12厘米

Standing figurine
Yuan Dynasty　Grey clay
Height/26cm　width/12cm

Standing figurine 立俑

Yuan Dynasty　Grey clay 元　灰陶

Height/27cm　width/11cm 高　27厘米　宽　11厘米

童子俑
元　灰陶
高　26厘米　宽　10厘米

Figurine of a kid
Yuan Dynasty　Grey clay
Height/26cm　width/10cm

Figurine of a kid　　　　童子俑
Yuan Dynasty　Grey clay　　元　灰陶
Height/27cm　width/9cm　高　27厘米　宽　9厘米

Female figurine 女俑
Yuan Dynasty　Grey clay 元　灰陶
height/27cm　width/11cm 高　27厘米　宽　11厘米

童子俑
元　灰陶
高　26厘米　宽　10厘米

Figurine of a kid
Yuan Dynasty　Grey clay
Height/26cm　width/10cm

女俑
元　灰陶
高　24厘米　宽　8厘米

Female figurine
Yuan Dynasty　Grey clay
Height/24cm　width/8cm

Female figurine   女俑
Yuan Dynasty   Grey clay   元   灰陶
height/24cm   width/11cm   高 24厘米   宽 11厘米

女俑
元　灰陶
高　26厘米　宽　12厘米

Female figurine
Yuan Dynasty　Grey clay
Height/26cm　width/12cm

Female figurine   女俑
Yuan Dynasty　Grey clay   元　灰陶
Height/26cm　width/12cm   高　26厘米　宽　12厘米

女俑
元　灰陶
高　21厘米　宽　7厘米

Female figurine
Yuan Dynasty　Grey clay
Height/21cm　width/7cm

Female figurine
Yuan Dynasty　Grey clay
Height/21cm　width/7cm

女俑
元　灰陶
高　21厘米　宽　7厘米

陶马
元　灰陶
高　19厘米　长　23厘米

Ceramic horse
Yuan Dynasty　Grey clay
Height/19cm　length/23cm

Ceramic horse 陶马
Yuan Dynasty   Grey clay 元   灰陶
Height/30cm   length/30cm 高 30厘米   长 30厘米

陶马
元　灰陶
高　17厘米　长　20厘米

Ceramic horse
Yuan Dynasty　Grey clay
Height/17cm　length/20cm

Ceramic horse carriage   陶马车
Yuan Dynasty   Grey clay   元   灰陶
Height/27cm   length/45cm   高 27厘米   长 45厘米

陶牛
元　灰陶
高　19厘米　长　26厘米

Ceramic ox
Yuan Dynasty　Grey clay
Height/19cm　length/26cm

Ceramic elephant   陶象

Yuan Dynasty   Grey clay   元   灰陶

Height/24cm   length/29cm   高 24厘米   长 29厘米

黄绿釉陶俑　　　　　　　Yellow-green glazed figurine
明　陶　　　　　　　　　Ming Dynasty　Clay
高　40厘米　宽　14厘米　　Height/40cm　width/14cm

Yellow-green glazed figurine
Ming Dynasty   Clay
Height/44cm   width/14cm

黄绿釉陶俑
明 陶
高 44厘米 宽 14厘米

黄绿釉俑　　　　Yellow-green glazed figurines
明　陶　　　　　Ming Dynasty　Clay
高／30厘米　宽／10厘米　Height/30cm　width/10cm

Green glazed figurine of a person leading a horse 　　　绿釉牵马俑
Ming Dynasty　Clay 　　　　　　　　　　　　明　陶
Height/30cm　width/19cm 　　　　　　　　高　30厘米　宽　19厘米

黄釉侍从俑　　　Yellow glazed attendant figurine
明　陶　　　　　Ming Dynasty　Clay
高　33厘米　宽　12厘米　│Height/33cm　width/12cm

Green glazed attendant figurine 绿釉侍从俑
Ming Dynasty　Clay 明　陶
Height/33cm　width/12cm 高 33厘米　宽 12厘米

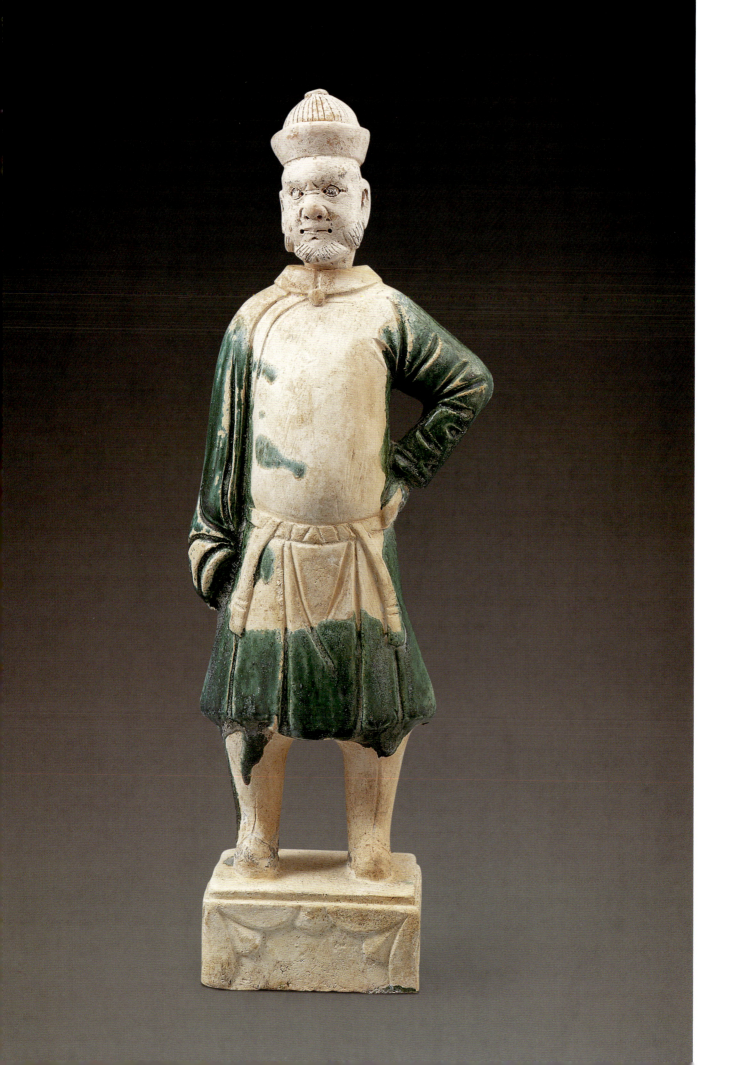

Yellow glazed attendant figurine   黄釉侍从俑
Ming Dynasty   Clay   明　陶
Height/33cm   width/12cm   高　33厘米　宽　12厘米

绿釉侍从俑　　Green glazed attendant figurine
明　陶　　　　Ming Dynasty   Clay
高　33厘米　宽　12厘米　Height/33cm   width/12cm

165

黄釉侍从俑　　　　　Yellow glazed attendant figurine
明　陶　　　　　　　Ming Dynasty　Clay
高　33厘米　宽　12厘米　Height/33cm　width/12cm

Brown glazed attendant figurine　　　褐釉侍从俑
Ming Dynasty　Clay　　　　　　　明　陶
Height/33cm　width/12cm　　高　33厘米　宽　12厘米

黄绿釉女俑
明　陶
高　33厘米　宽　12厘米

Yellow-green glazed female figurine
Ming Dynasty　Clay
Height/33cm　width/12cm

Yellow-green glazed ceramic horse　黄绿釉陶马
Ming Dynasty　Clay　明　陶
Height/32cm　length/27cm　高　32厘米　长　27厘米

黄绿釉陶马　　　Yellow-green glazed ceramic horse
明　陶　　　　　Ming Dynasty　Clay
高　32厘米　长　27厘米　Height/32cm　length/27cm

Yellow-green glazed ceramic horse　黄绿釉陶马
Ming Dynasty　Clay　明 陶
Height/32cm　length/27cm　高 32厘米　长 27厘米

Yellow-green glazed ceramic horse 黄绿釉陶马
Ming Dynasty Clay 明 陶
Height/27cm length/26cm 高 27厘米 长／26厘米

黄绿釉陶马 Yellow-green glazed ceramic horse
明 陶 Ming Dynasty Clay
高 32厘米 长 27厘米 Height/32cm length/27cm

绿釉陶屋
明　陶
高／35厘米　长／24厘米

Yellow-green glazed bed   黄绿釉拔步床
Ming Dynasty   Clay   明　陶
Height/40cm   length/40cm   高　40厘米　长　40厘米

黄绿釉圈椅
明　陶
高　23厘米　长　15厘米

Yellow-green glazed chairs
Ming Dynasty　Clay
Height/23cm　length/15cm

Yellow-green glazed clothes hanger
Ming Dynasty   Clay
Height/25cm   length/19cm

黄绿釉衣桁
明　陶
高　25厘米　长　19厘米

黄绿釉盆架　　Yellow-green glazed supporter
明　陶　　Ming Dynasty　Clay
高／15厘米　直径／12厘米　　Height/15cm　diameter/12cm

Yellow-green glazed supporter
Ming Dynasty   Clay
Height/15cm   diameter/14cm

黄绿釉盆架
明　陶
高　15厘米　直径　14厘米

黄绿釉盆架　　Yellow-green glazed supporter
明　陶　　　　Ming Dynasty　Clay
高　11厘米　宽　9厘米　Height/11cm　width/9cm

黄绿釉陶箱　　　Yellow-green glazed ceramic box
明　陶　　　　　Ming Dynasty　Clay
高　12厘米　长　11厘米　Height/12cm　length/11cm

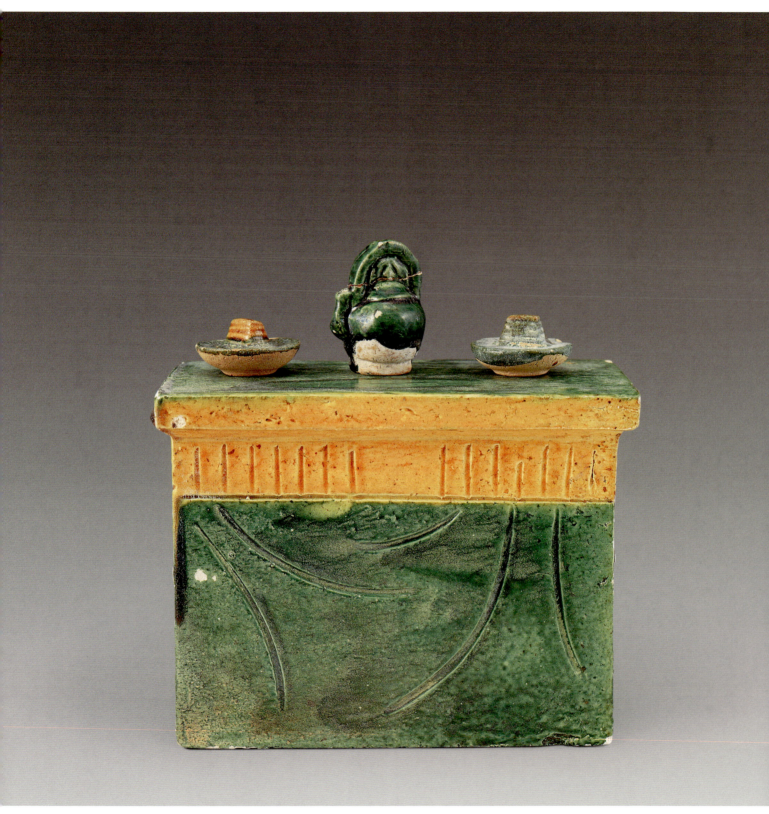

黄绿釉供桌
明　陶
高　6厘米　长　14厘米　宽　10厘米

Yellow-green glazed table
Ming Dynasty　Clay
Height/6cm　length/14cm　width/10cm

Yellow-green glazed ceramic lamp　　黄绿釉陶灯
Ming Dynasty　Clay　　　　　　　明　陶
Height/9cm　diameter/7cm　　高　9厘米　直径　7厘米

黄绿釉陶瓶　　　　　Yellow-green glazed ceramic vase
明　陶　　　　　　　Ming Dynasty　Clay
高 6厘米　腹径 5厘米　Height/6cm　belly diameter/5cm

Yellow-green glazed ceramic pot | 黄绿釉陶壶
Ming Dynasty　Clay | 明　陶
Height/8cm　belly diameter/6cm | 高 8厘米　腹径 6厘米

图书在版编目（CIP）数据

追索流失海外的中国文物/国家文物局编.－北京：文物出版社，
2008.6
ISBN 978-7-5010-2505-3

Ⅰ.追... Ⅱ.国... Ⅲ.文物－中国－图集 Ⅳ.K870.2

中国版本图书馆CIP数据核字（2008）第079940号

追索流失海外的中国文物
RESTITUTION OF CHINESE CULTURAL PROPERTY LOST ABROAD

国家文物局　主编

摄　　影　刘小放　祁庆国　谷中秀
　　　　　　梁　刚　张京虎　朴　识
英文翻译　李新伟
装帧设计　袁振宁　顾咏梅
责任印制　梁秋卉
责任编辑　张小舟　王　霞

出版发行　文物出版社
地　　址　北京东直门内北小街2号楼　邮编 100007
网　　址　http://www.wenwu.com
邮　　箱　E—mail：web@wenwu.com
制版印刷　北京圣彩虹制版印刷技术有限公司
经　　销　新华书店
开　　本　889×1194毫米 1/16
印　　张　12.25
版　　次　2008年6月第1版
印　　次　2008年6月第1次印刷
定　　价　160.00元